BALANCE
YOUR LIFE
SMOOTHIES, SÄFTE UND SNACKS

Marita Karlson
Fotos: Susanne Kindt

Umschau

INHALT

„LET'S MAKE THE REST OF YOUR LIFE THE BEST OF YOUR LIFE."

Dieses Buch soll Ihnen zeigen, wie Sie mit Smoothies Körper und Seele in Balance halten können.

Das Foto auf S. 36 zeigt mich auf einer Ranch hoch oben in den Bergen von Malibu (Kalifornien) mit einer Kiste voll mit grünem Blattgemüse, das ich anschließend in köstliche, nahrhafte Smoothies verwandelt habe.

Smoothies aus Blattgemüse, Früchten und Nüssen mit einem Löffel „Superfood" in Pulverform schenken mir so viel Energie, dass sie inzwischen einen Großteil meiner Ernährung ausmachen.

Doch Vorsicht – meine nahrhaften Smoothies, reichhaltigen Säfte, Schönheitselixiere und gesunden Snacks machen süchtig! Ganz gleich, ob Sie noch nie Smoothies zubereitet haben oder ihnen schon verfallen sind – mit meinen köstlichen Rezepten tanken Sie jede Menge Kraft.

MEINE GRÜNE WELT

Ich habe einen Traum und der ist grün. Er handelt von einem Garten – meinem Garten –, in dem ein Großteil des Rasens Gemüsebeeten weichen musste. Stattliche Mangold- und Grünkohlpflanzen recken dort ihre Blätter in den Himmel, um so viel Sonne und Regenwasser wie möglich zu ergattern. Seite an Seite mit dem grünen Blattgemüse reifen herrliche Tomaten (fast so schön wie die von Papa), aus denen sich köstlichste Gazpacho herstellen lässt. Der Avocadobaum thront über Maniok, Karotten und Roten Beten und wirft ab und zu einen verstohlenen Blick auf die tropischen Passionsfrüchte, die gerade reif sind. Mein Traumgarten liegt an der kalifornischen Küste, wo 300 Tage im Jahr die Sonne scheint und die Möglichkeiten zum Anbau von Obst und Gemüse endlos scheinen.

Geboren wurde dieser Traum schon in meiner Heimat Schweden, wo ich in einem Haus mit Garten aufgewachsen bin – und mit einer Mutter, die täglich frisch kochte. Purer Luxus, wie ich heute weiß. So stelle ich mir auch meine Zukunft vor – wenn ich auch zugeben muss, dass ich erst in den letzten Jahren den Wert von regional angebauten Bio-Lebensmitteln schätzen gelernt habe. Inzwischen ist es für mich sehr wichtig geworden zu wissen, woher Obst und Gemüse, die ich verarbeite, stammen. Ich möchte nur vollreifes, unverfälschtes Obst und Gemüse essen, das auf ehrliche Weise produziert wurde. Denn nur so profitieren sowohl ich und als auch die Natur.

Bis mein Traum von einem eigenen Garten wahr wurde, kaufte ich möglichst auf Bauernmärkten ein, wo ich mich von den leuchtenden Farben der Feldfrüchte inspirieren ließ und gern ein paar Worte mit den Farmern wechselte.

Herrlich ist auch, einfach an einem Pick-up an der Straße einzukaufen, wo Bauern die Ernte des Tages anbieten. So kann ich einen kleinen Bauernhof unterstützen und weiß, dass alles in der näheren Umgebung frisch geerntet wurde.

GESUND UND SCHLAU

Sicher, ich muss zugeben, Sonne und Strände in meiner Wahlheimat Kalifornien laden zu einem gesunden Lebensstil geradezu ein. Ich bin mir jedoch sicher, dass man überall auf der Welt eine ausgewogene Lebensweise entwickeln kann – man muss nur wollen und sich inspirieren lassen.

Als ich noch in Schweden wohnte, bin ich allerdings auch manches Mal gescheitert mit meinen Plänen, gesund zu leben. Meine Motivation legte sich einfach schlafen, sobald der Winter mit Kälte und Dunkelheit Einzug hielt. Erst nach der Schneeschmelze erwachte meine Lust auf gesundes Essen wieder. Es ist also wichtig, sich mit so viel Energie wie möglich zu versorgen, um den langen Winter einigermaßen unbeschadet zu überstehen.

Ich selbst versuche, jeden Tag gesund zu leben. Eine ausgewogene Kost ist schon die halbe Miete, denn gesunde Ernährung fördert Lebenskraft und inneres Wohlbefinden. Alles hängt zusammen. Auch wenn es erst mal kompliziert und wenig lustvoll erscheint, sich gesund zu ernähren – es lohnt sich! Und schließlich wollen wir uns ja alle gesund und fit fühlen. Da ist es gut, wenn uns unsere Nahrung mit Kraft und Energie versorgt. Mein Tipp: Essen Sie zu jeder Mahlzeit etwas Farbenfrohes und Frisches. Auf lange Sicht kann man damit viel erreichen, denn Obst und Gemüse sind gut für Ausdauer, Ausgeglichenheit, Wohlbefinden und schließlich auch für das Denkvermögen.

Die Voraussetzung sind hochwertige Nährstoffe und die finden wir unter anderem in grünem Blattgemüse. Mit seinen Blättern, die vor Vitaminen, Ballaststoffen, Mineralien und Enzymen nur so strotzen, gehört es zu den nährstoffreichsten Gemüsesorten. Es enthält wertvolle Antioxidanzien, die den Körper vor Umweltgiften und Schadstoffen in unserem Essen schützen, indem sie die Gifte neutralisieren, den Körper reinigen und für einen ausbalancierten Säure-Basen-Haushalt, also einen ausgeglichenen pH-Wert im Körper, sorgen. Je mehr basenbildende Stoffe wir zu uns nehmen, desto besser fühlen wir uns.

Und noch etwas: Je dunkler das Blatt oder die Pflanze ist, desto mehr Chlorophyll enthält sie. Chlorophyll wiederum ist ein grünes Farbpigment, das die Pflanze mithilfe des Sonnenlichts bildet und das blutreinigend, entgiftend und ebenfalls regulierend auf den Säure-Basen-Haushalt wirkt. Die Energie kommt also von der Sonne über die Pflanze direkt zu uns. Ist das nicht toll?

TRENDS AUS KALIFORNIEN

Für Gesundheitsbewusste ist L.A. momentan ein echtes Dorado. Nirgends ist der Hype um gesunde Smoothies und Säfte größer und nirgends sprießen Smoothiebars rascher aus dem Boden.

Neben den Saftbars gibt es diverse Restaurants, die sehr angesagt sind und Rohkost geschmacklich in ganz neue Sphären heben. Es ist kaum zu glauben, doch vor dem veganen Rohkostrestaurant bei mir um die Ecke bilden sich mittags immer lange Schlangen – angelockt von wunderbaren *raw cashew crêpes* und wunderbar scharfen Jalapeño-Smoothies.

Die Regale der meisten Saftbars sind vollgestopft mit Superfoods und „edlen Tropfen" aus dem Pflanzenreich. In der Kühltheke stapeln sich Trinkkokosnüsse, die nur darauf warten, geknackt und ausgeschlürft zu werden; Mixer und Saftpresse laufen heiß (na ja, die Saftpresse läuft natürlich nicht wirklich heiß – schließlich wird alles kalt gepresst …). Außerdem kann man sich allmorgendlich maßgeschneiderte Detox-Programme nach Hause liefern lassen. Welch ein Luxus! Dieser Trend geht an kaum jemandem vorbei – weder an der Frau mit der Yogahose, dem Surfer mit dem Surfbrett unterm Arm, dem Mann im Businessanzug oder dem langhaarigen Rohkost-Hippie.

Andere gehen einen Schritt weiter und pflanzen bei einem Bauern in der Gegend ihre eigenen Smoothie-Zutaten an, sodass der Begriff *farm to bottle* inzwischen in aller Munde ist. Heraus kommen Bioprodukte voller hochwertiger Nährstoffe, die mit Liebe gemacht sind. Ich hoffe, dass sich derartige Konzepte auf dem gesamten Erdball verbreiten werden, damit so viele Menschen wie möglich von einem Kick für die Gesundheit profitieren können. Auch in Deutschland schießen Saft- und Smoothiebars sowie vegane und Rohkostrestaurants inzwischen wie Pilze aus dem Boden, und die Supermarktregale füllen sich langsam mit Superfoods. Wie schön!

FRISCHE SMOOTHIES

Mit einem Smoothie können wir allein durch Trinken eine große Menge an Obst und Gemüse aufnehmen. Wie praktisch! Im Mixer werden die Zellwände des Gemüses aufgebrochen und dadurch Nährstoffe freigegeben. Sind pflanzliche, essenzielle Proteine und wertvolle Fette aus Superfoods mit von der Partie, kann ein Smoothie sogar eine ganze Mahlzeit ersetzen.

Ihr Magen freut sich über püriertes Obst und Gemüse ebenfalls, da es für ihn leichter zu verarbeiten ist. So kann sich der Körper ganz auf die Verwertung der Nährstoffe konzentrieren – Bingo!

Bereichern Sie auch den Speiseplan Ihrer Kinder mit reichlich Obst und Gemüse! Einen Himbeersmoothie mit „Hulk-Faktor" findet bestimmt jedes Kind spannend.

BASIS

Die Basis eines Smoothies ist das, was ihm seine Konsistenz und Cremigkeit verleiht. Ich bereite sie meist aus Mangos zu, die auf der Liste der basenbildenden Lebensmittel weit oben stehen und zu fast allem passen.

MÖGLICHE BASISZUTATEN:

Ananas	Kokosnussfleisch
Apfel	Mango
Avocado	Melone
Banane	Nussbutter
Birne	Nusskerne
Chia-Gel	Pfirsich
Kiwi	tiefgekühlte Beeren
Kokosjoghurt	

FLÜSSIGKEIT

Damit ein Smoothie schön glatt und cremig wird, muss man ein wenig Flüssigkeit mit in den Mixer geben. Für einen dünnflüssigeren Smoothie verwende ich meist Kokoswasser, Wasser oder irgendeinen gekühlten Tee. Reichhaltiger wird der Drink mit Nussbutter oder Mandelmus.

MÖGLICHE FLÜSSIGKEITEN:

grüner Eistee oder Chai	Kokosmilch (möglichst selbst gemacht)
grüner Saft (möglichst selbst gemacht)	Kokoswasser
Gurke	Kombucha
Hafermilch	Nussmilch/Milch aus Saaten
Kokosjoghurt	Reismilch

WÜRZE

Ein Smoothie lässt sich vielfältig weiter aromatisieren. Ich verwende in meinen grünen Getränken meist Zimt, Vanille oder Kokosöl.

CAYENNE-PFEFFER sorgt für Würze in den grünen Smoothies oder den Shots.

EXTRAKTE Pfefferminz, Mandel, Kokos oder Vanille.

MINZE passt gut zu Schokolade, Vanille, Obst und zu jeder Art von grünem Drink.

KORIANDER Toll zu süßen Früchten wie Mango oder Erdbeeren.

INGWER Perfekt zu Pfirsich, Birne und grünen Smoothies, sorgt für leichte Schärfe.

KARDAMOM UND ZIMT sind ein Superteam.

KOKOSCHIPS Köstlich in Fruchtsmoothies, zu Schokoladen- und Nussmilch.

KOKOSÖL verleiht einen milden Kokosgeschmack, der zu fast jedem Smoothie passt.

LAVENDEL UND BLAUBEER sind ein Dreamteam.

MUSKAT schmeckt in Nussmilch und in der Weihnachtszeit zu Nusskernen.

VANILLE harmoniert mit Beeren und Grünzeug.

ZIMT Wunderbar zu Nussmilch, grünem Blattgemüse und Apfel.

ZITRUS Zitronen-, Limetten- oder Orangenschale harmoniert mit fast allem und verleiht feine Säure.

POWER-KICK: Pflanzliches Eiweißpulver (Sun Warrior ist meine Lieblingsmarke), Erbsenproteine, Hanfsamen, Supergreens-Pulver, Nusskerne und Saaten.

DAS SÜSSE LEBEN

Man kann einen Smoothie auch auf natürliche Art und Weise süßen, zum Beispiel mit den folgenden Zutaten:

HONIG ist in Smoothies ein Traum. Am liebsten ist mir roher Bio-Honig, der nicht erhitzt wurde und noch viele natürliche Enzyme und Spurenelemente enthält.

LUCUMA ist ein fruchtiges Superpulver, auf das ich im Kapitel „Wunder der Natur" näher eingehe. Es enthält nicht nur viele Nährstoffe, sondern schmeckt auch leicht fruchtig-süß. Einer meiner Favoriten.

MEDJOOL-DATTELN können entkernt jedem Smoothie eine feine Süße verleihen. Wird der Smoothie zu süß, gibt man einfach ein paar Tropfen Zitronensaft hinein.

PALMZUCKER ähnelt Vollrohrzucker und hat einen leichten Karamellgeschmack sowie einen niedrigen GI-Wert (glykämischer Index).

STEVIA ist ein natürlicher Süßstoff, der aus den Blättern einer südamerikanischen Pflanze gewonnen wird. Zum Süßen reichen schon ein paar Tropfen.

KRAFT AUS SAFT

Mit einem Saft aus rohem Gemüse kann man seinen Zellen eine grüne Dusche verpassen, denn er steckt randvoll mit wertvollen Nährstoffen, die die Zellen innerhalb kürzester Zeit erreichen und ihnen bei Zellerneuerung und -aufbau unter die Arme greifen. Smoothies und Säfte sind keine Gegenspieler, sondern ergänzen einander. Da Säfte keine Ballaststoffe und fast keine Proteine mehr enthalten, können sie nicht wie ein Smoothie eine Mahlzeit ersetzen – sie erleichtern aber dem Magen die Arbeit, damit der Körper seine Energie für die rasche, reibungslose Aufnahme der Nährstoffe aufwenden kann.

Wenn wir unseren Zellen und dem Verdauungstrakt etwas Gutes tun, dankt der Körper es uns mit mehr Energie und Vitalität. Zudem wird der Säure-Basen-Haushalt reguliert – Jackpot!

Sie haben noch nie einen Gemüsesaft getrunken? Dann steigen Sie am besten mit milden Aromen ein – Gurke, Sellerie oder Fenchel eignen sich bestens. Erhöhen Sie danach peu à peu den Anteil an grünem Blattgemüse wie Spinat, Grünkohl oder Kräutern wie Petersilie, denn meist dauert es eine Weile, bis man sich an den „grünen Geschmack" gewöhnt hat.

Reinen Fruchtsaft zuzubereiten ist eine gute Sache, doch da der ballaststoffreiche Saft direkt ins Blut geht, kann auch der Blutzuckerspiegel in die Höhe schnellen. Verhindern lässt sich dies durch die Zugabe einer milden Gemüsesorte wie Gurke oder Sellerie.

GERÄTSCHAFTEN

Viel brauchen Sie nicht, um in Ihr neues Smoothie- und Saftleben zu starten. Wer weiß, vielleicht befinden sich in Ihrem Küchenschrank ja noch ein Mixer und eine Saftpresse, die einst unwillkommene Weihnachtsgeschenke waren und nun endlich zu ihrem Recht kommen.

MIXER
Bei der Neuanschaffung eines Mixers sollten Sie nicht sparen, denn Qualität zahlt sich aus – besonders, wenn der Mixer wie bei mir täglich zum Einsatz kommt. Mit einem hochwertigen Gerät lassen sich Nussbutter, Rohkostsuppen und Nussmilch herstellen – mit seidenweichen Ergebnissen.

Natürlich sind auch einfachere Ausführungen geeignet, hier empfehle ich für eine reibungslose Verarbeitung jedoch, die Flüssigkeit als Erstes einzufüllen und festes Obst oder Nüsse folgen zu lassen. Auch in einer Küchenmaschine lassen sich Smoothies, vor allem Obstsmoothies, zubereiten.

SAFTPRESSE
Wer bereits einen hochwertigen Mixer besitzt und gern Säfte herstellen möchte, kann einen simplen Trick anwenden: Beim Mixen nur wenig Wasser zugeben und den Saft anschließend durch einen Nussmilchbeutel pressen – voilà!

In eine richtige Saftpresse immer gleich eine größere Zutatenmenge einfüllen, damit ausreichend Saft entsteht. Den Saft sofort trinken, da er ganz frisch am nährstoffreichsten ist.

Wer wirklich Gefallen am Entsaften gefunden hat, kann die nächste Stufe erklimmen und sich einen *Slow Juicer* zulegen, der Obst und Gemüse auf schonende Weise und fast ohne Hitzeeinwirkung entsaftet. So bleiben die meisten Vitamine und Enzyme erhalten. Der Saft ist im Kühlschrank bis zu drei Tage haltbar, ganz ohne Einbußen bei Nährstoffen, Farbe oder Konsistenz.

NUSSMILCHBEUTEL helfen bei der Herstellung von Nussmilch: die gemixte Milch wird durch den Beutel abgeseiht. Elastische Materialien sind von Vorteil, da sich die Milchrückstände so leichter ausdrücken lassen.

GLASFLASCHEN und Schraubgläser eignen sich prima zur Aufbewahrung von Smoothies, Säften und Nussmilch.

WUNDER DER NATUR

Was ist eigentlich Superfood? Es handelt sich um pflanzliche Lebensmittel, die einen besonders hohen Nährstoffgehalt aufweisen. Diese Wunderwerke der Natur verleihen mehr Vitalität, Energie und Kraft. In der Traditionellen Chinesischen Medizin werden sie schon seit Jahrhunderten eingesetzt und auch im Inkareich wurden sie hoch geschätzt. Die Superlebensmittel können Smoothies, Säfte und Snacks aufwerten und sind ein wichtiger Teil meiner Ernährung geworden.

Seien Sie neugierig und entdecken Sie diese wundervollen, nährstoffreichen Lebensmittel mit ihren vielen gesundheitsfördernden Eigenschaften. Jedes Superfood hat seine speziellen Vorzüge und angesichts der Vielfalt kann es schwierig sein, den Überblick zu behalten. Doch ruhig Blut, wir gehen sie im Folgenden der Reihe nach durch.

VON A BIS Z

ACAI-BEERE

Die kleine dunkelblaue Acai-Beere ist eine Palmfrucht aus dem Amazonasgebiet und wird schon seit Jahrtausenden wegen ihrer Heilwirkung geschätzt. Dank ihres hohen Anteils an Antioxidanzien und essenziellen Fettsäuren wird sie auch als *beauty berry* bezeichnet. In Reformhäusern oder im Internethandel werden Acai-Beeren tiefgekühlt, als Püree oder in Pulverform verkauft.
GESCHMACK: leicht herb, nach Brombeeren mit einem Hauch Schokolade.
ANWENDUNG: in Smoothies oder morgens im Joghurt.

ACEROLA

Eine Orange enthält 100 mg Vitamin C; eine gleich große Menge Acerola jedoch über 1500 mg – eine wahre Superfrucht also! Acerola ist eine gelbe Kirsche, die in Mittel- und Südamerika an Büschen wächst. Sie stärkt Ihr Immunsystem und zudem das Kollagen der Haut. Erhältlich in Pulverform in Reformhäusern und im Internethandel.
GESCHMACK: fruchtig.
ANWENDUNG: in Smoothies und Säften für einen Vitamin-C-Kick.

ALGEN

Unter den Algenarten gibt es zwei, die wahre Nährstoffwunder sind. Die Mikroalge Chlorella ist eine Eiweißbombe. Sie wirkt entgiftend und enthält viel

Chorophyll – daher der Name. Spirulina, die andere, ist eine blaugrüne Alge voller leicht verdaulicher Proteine und Mineralien wie Eisen und Kalzium. Beide sind in Reformhäusern und im Internethandel in Pulverform erhältlich.
GESCHMACK: Algenpulver schmeckt nach Meer, was für viele gewöhnungs-bedürftig ist. Man benötigt allerdings nur eine kleine Menge und kann den Geschmack durch die weiteren Smoothiezutaten leicht kaschieren.
ANWENDUNG: in Smoothies und Säften. Alternativ 1 TL Chlorella in einem Glas Wasser auflösen und täglich genießen. Das entgiftet.

ARONIABEERE
Die auch als Apfelbeeren bekannten fast schwarzen Früchte wachsen an deko-rativen Büschen, die man oft in unseren heimischen Gärten findet. Glückliche Besitzer sollten ihren Tiefkühler stets mit diesen an Antioxidanzien, Vitaminen sowie Eisen und Kalzium reichen Beeren füllen.
GESCHMACK: leicht herb mit intensivem Beerengeschmack. Möglichst nach dem ersten Frost ernten.
ANWENDUNG: in Smoothies, Säften, Konfitüren (z. B. mit Chia-Samen) oder zum Frühstücksjoghurt.

BLÜTENPOLLEN
Blütenpollen werden als gelbes Granulat angeboten und sind eines der wert-vollsten Geschenke der Natur. Sie sind ein guter Proteinlieferant, fördern das Wohlbefinden und wirken dem Altern entgegen.
GESCHMACK: süßlich, honigartig.
ANWENDUNG: Ich verwende Blütenpollen in Smoothies oder als Streusel auf dem Joghurtmüsli.

CHIA-SAMEN
Diese winzig kleinen Samen strotzen nur so vor guten Eigenschaften. Sie enthal-ten mehr Omega-3-Fettsäuren pro Gramm als Lachs, mehr Kalzium als Milch, mehr Eisen als Spinat und sind zudem eine wertvolle Ballaststoffquelle. Chia-Samen sind in Reformhäusern, Bioläden oder im Internethandel erhältlich.
GESCHMACK: fast neutral.
ANWENDUNG: in Smoothies, Säften, im Joghurtmüsli oder in Salaten.

GOJIBEEREN
Die hellrote, energiegeladene Superbeere ist die in der chinesischen Heilkunst am meisten eingesetzte Zutat. Gojibeeren wirken blutreinigend und weisen einen hohen Gehalt an Proteinen, Antioxidanzien, wertvollen Fettsäuren und Vitaminen auf. Erhältlich sind sie in Reformhäusern und gut sortierten Supermärkten.
GESCHMACK: eine Mischung aus Kirsche und Moosbeere.
ANWENDUNG: in Smoothies, Salaten, in Backwerk oder als Zwischenmahlzeit.

HANFSAMEN
Hanfsamen sind die besten Proteinlieferanten im Pflanzenreich. Erhältlich ist Hanf als Samen oder als Hanfproteinpulver. Ich persönlich bevorzuge die Samen – erhältlich in Bioläden, Reformhäusern oder im Internethandel.
GESCHMACK: mild nussig.
ANWENDUNG: in Smoothies oder in Salaten, im Müsli oder in Backwaren.

Gojibeeren

Hanfsamen

Himalajasalz

Blütenpollen

Rohkakaonibs

Chia-Samen

Macapulver

Lucumapulver

Acerolapulver

HIMALAJASALZ

Das rosafarbene Himalajasalz stammt, anders als sein Name vermuten ließe, aus der pakistanischen Provinz Punjab. Das unbehandelte Steinsalz enthält 80 verschiedene Mineralien und ist das einzige basische Salz. Es kann den Blutzuckerspiegel regulieren und entgiftend wirken. Ich verwende beim Kochen nur das wertvolle Himalajasalz, das in gut sortieren Lebensmittelgeschäften und im Internethandel erhältlich ist.
ANWENDUNG: beim Kochen und als Mineralkick in Smoothies.

ROHKAKAO

Rohkakao entsteht aus unbehandelten, ungerösteten Kakaobohnen, in denen noch sämtliche Nährstoffe enthalten sind, und ist in Form von Kakaonibs und als Pulver erhältlich. Kakao ist eines der mineralreichsten Superfoods überhaupt und enthält große Mengen an Antioxidanzien – mehr als Heidelbeeren oder grüner Tee. Zudem gehört die rohe Kakaobohne zu den Vitamin-C-reichsten Lebensmitteln – fantastisch! Erhältlich ist Rohkakao in gut sortierten Lebensmittelgeschäften und im Internethandel.
GESCHMACK: lecker schokoladig. Die Kakaonibs sind ein wenig bitter und das Pulver äußerst intensiv, also sparsam dosieren.
ANWENDUNG: in Smoothies und Nussmilch. Über Backwaren streuen, um ihnen Biss zu verleihen.

LUCUMA

Die Lucuma ist eine avocadoähnliche Frucht, allerdings mit süßem, gelbem Fruchtfleisch. In Peru, wo die Frucht in den Anden an hohen Bäumen reift, wird das Fruchtfleisch häufig in Desserts verarbeitet. Ich verwende das an Vitaminen und Mineralien reiche Lucumapulver in den meisten meiner Smoothies, denn ich liebe seinen süßen, fruchtigen Geschmack. In Reformhäusern und im Internet erhältlich.
GESCHMACK: erinnert an Acerola, ist aber süßer.
ANWENDUNG: in Smoothies, Säften, Nussmilch und Backwaren.

MACAWURZEL

Die Macapflanze wächst hoch oben in den peruanischen Anden. Ihr Geschmack ist nussig-erdig, sie verleiht viel Energie und soll den Hormonhaushalt regulieren. Die Macawurzel enthält essenzielle Fettsäuren und eine Reihe unterschiedlicher Mineralien. Kombiniert mit Kakao hat die Macawurzel eine unschlagbare Wirkung. In Pulverform in Reformhäusern und im Internethandel erhältlich.
GESCHMACK: nussig. Passt gut zu Kakao, Lucuma und Nussbutter.
ANWENDUNG: ideal als Gesundheitskick für Smoothies und Säfte.

Spirulina   Chlorella   Acaipulver

REZEPTE

THE MILKY WAY

Eine Flasche Nuss- oder Mandelmilch ist in höchstens sieben Minuten servierfertig. Versprochen! Seitdem ich Mandelmilch selbst mache, habe ich immer einen Vorrat eingeweichte Mandeln im Kühlschrank, damit ich schnell Nachschub produzieren kann. Mandelmilch ist nämlich meine Lieblingszutat in Smoothies und manchmal genehmige ich mir sogar abends ein ganzes Glas, weil sie so gut schmeckt. Bei Selbstgemachtem kennt man die Inhaltsstoffe genau und kann die Milch so ganz nach Gusto abschmecken. Hier ist köstliches Kokoswasser die Basis, das zudem alle fünf essenziellen Elektrolyte enthält. Gewöhnliches Wasser ist ebenso geeignet.

MANDELMILCH

ERGIBT CA. 1 L

200 g blanchierte Mandelkerne
100 ml Kokoswasser oder Wasser
1 TL Vanilleextrakt
1 Prise Himalajasalz

✳ Die Mandeln in einer Schüssel mit ausreichend Wasser bedecken und 6 Stunden oder über Nacht an einem kühlen Ort quellen lassen, danach lassen sie sich leichter pürieren und verdauen.

✳ Abgießen und die Mandeln gründlich waschen. Im Mixer auf hoher Stufe in ein paar Minuten zu einer feinen, weißen Milch verarbeiten. Die Milch durch einen Nussmilch-beutel in eine Schüssel abseihen, den Beutel gut ausdrücken. Vanilleextrakt und Salz hinzufügen. Die Milch in eine verschließbare Glasflasche füllen; sie ist im Kühlschrank bis zu 3 Tage haltbar. Vor der Verwendung schütteln.

✳ Für eine cremigere Milch die Mischung um 60 g Mandelkerne ergänzen, für eine dünnere Milch um 60 g Mandelkerne reduzieren.

✳ Und? Waren das nicht genau 7 Minuten? Ohne die Quellzeit natürlich. Nach dreimali-ger Zubereitung geht das Ganze wie im Schlaf.

 Man kann die Milch zum Beispiel auch mit Zimt, Kardamom, Muskat, Kokosextrakt, Mandelextrakt oder Chai-Gewürzen aromatisieren.

SCHOKO-HASELNUSSMILCH

Ich liebe die Kombination von Rohkakao und Haselnusskernen. Für eine reine Haselnuss-milch den Kakao einfach weglassen.

ERGIBT CA. 1 L

200 g Haselnusskerne
100 ml Kokoswasser oder Wasser
2 Medjool-Datteln, entkernt
1 ½–2 EL Rohkakaopulver
1 Prise Salz
1 TL Vanilleextrakt

✳ Die Haselnusskerne in einer Schüssel mit ausreichend Wasser bedecken und 6 Stun-den oder über Nacht an einem kühlen Ort quellen lassen, danach lassen sie sich leichter pürieren und verdauen.

✳ Abgießen und die Nusskerne gründlich waschen. Im Mixer auf hoher Stufe in ein paar Minuten zu einer feinen Milch verarbeiten. Die Milch durch einen Nussmilchbeutel in eine Schüssel abseihen, den Beutel gut ausdrücken.

✳ Die abgetropfte Milch mit Datteln, Kakaopulver, Salz und Vanilleextrakt zurück in den Mixer geben und glatt pürieren.

Power-Kick: 1 TL Macapulver und 1 TL Lucumapulver hinzufügen. Die Pulver verleihen der Milch zudem einen noch nussigeren Geschmack.

KOKOSMILCH

Kokosmilch lässt sich auf verschiedene Arten zubereiten. Zum Beispiel kann man Fruchtfleisch und Wasser einer jungen Kokosnuss ein paar Minuten pürieren – fertig. Und extrem köstlich! Ich stelle sie aber meist folgendermaßen her:

ERGIBT CA. 1 L

150–200 g Kokosraspel
100 ml Kokoswasser oder Wasser
1 Prise Himalajasalz
FÜR MEHR GESCHMACK:
1 TL Vanille- oder Kokosextrakt (nach Belieben)

✳ Alle Zutaten fein pürieren und durch einen Nussmilchbeutel abseihen. Für mehr Geschmack nach Belieben noch 1 TL Vanille- oder Kokosextrakt hinzufügen.

HANFMILCH

Eine tolle pflanzliche Proteinquelle, die durch ihren an Sonnenblumenkerne erinnernden Geschmack überrascht. Die perfekte Smoothie-Basis!

ERGIBT CA. 1 L

140 g geschälte Hanfsamen
100 ml Kokoswasser oder Wasser

✳ Hanfsamen und Wasser fein pürieren und durch einen Nussmilchbeutel abseihen.

EIN HAUCH VON SOMMER

Jetzt wird der Sommer eingeläutet – und zwar mit einem köstlich-erfrischenden Getränk aus Wassermelone und Minze, mit einem säuerlichen Passionsfruchtsmoothie, einem Smoothie mit Ingwer und Vanille sowie einem beruhigenden Lavendeldrink. Zu echten Energiebomben werden sie mit ein paar zusätzlichen grünen Blättern.

WASSERMELONE & MINZE

Dies ist im Sommer eines meiner Lieblingsgetränke, das eiskalt und frisch zubereitet am besten schmeckt. Die Wassermelone hat einen hohen pH-Wert und ist somit ein basisches Lebensmittel. Die Kerne nicht entfernen, denn sie enthalten viele Mineralien.

FÜR 2 GLÄSER

300 g Wassermelonenstücke
50 g tiefgekühlte Himbeeren
5 Minzeblätter

✳ Verwenden Sie frische Wassermelone, denn gefrorene Früchte machen das Ganze zu eisig. Die Melone mit den Himbeeren im Mixer zu einem glatten Smoothie verarbeiten. Mit Minze dekorieren.

 *Minze* Frische Minze setze ich häufig ein. Sie verleiht Säften, Smoothies und anderen Getränken eine herrliche Frische. Zudem unterstützt Minze die Verdauung und hat eine beruhigende Wirkung.

BEEREN & AVOCADO

Gibt es in Ihrem Gefrierfach vielleicht noch einen Rest Beeren? Und in der Obstschale eine Avocado, die schon etwas zu weich geworden ist? Dann verarbeiten Sie beides doch mit Mandelmilch und Ingwer im Mixer zu einem nahrhaften, leicht säuerlichen Smoothie!

FÜR 1 GLAS ODER 1 SCHALE

½ Avocado
180 g tiefgekühlte Beeren (z.B. Himbeeren)
300 ml Mandelmilch
2–3 TL frisch geriebener Ingwer oder mehr nach Geschmack
TOPPINGS: Beeren, Blütenpollen, Kokoschips

✳ Die Avocado schälen. Alle Zutaten im Mixer zu einem glatten Smoothie verarbeiten, in ein Glas füllen und den herrlichen Geschmack genießen. Alternativ in einer Schale servieren und mit frischen Beeren, Blütenpollen und Kokoschips oder anderen Zutaten nach Wahl dekorieren.

Power-Kick: 2 EL pflanzliches Eiweiß mit Vanillegeschmack und 1 EL Chia-Samen als zusätzlichen Ballaststoff zugeben.

RANCH PASSION

Die Passionsfrüchte für diesen Smoothie stammen von einer Ranch in den Bergen von Malibu. Ich hatte das Glück, einige der biodynamisch angebauten Produkte verarbeiten zu dürfen, und muss sagen, ich habe noch nie so leckere Passionsfrüchte gegessen! Wussten Sie, dass Passionsfrüchte Antioxidanzien wie Betakarotin enthalten und einen hohen Niacingehalt (für schöne Haut und Haare) aufweisen?

FÜR 1 GLAS

4 Passionsfrüchte
150 g tiefgekühlte Pfirsichstücke
300 ml Mandelmilch
1 EL Honig oder mehr nach Geschmack

✳ Das Fruchtfleisch von 3 Passionsfrüchten mit einem Löffel herauskratzen und im Mixer mit Pfirsichstücken, Mandelmilch und Honig auf hoher Stufe zu einem glatten Smoothie verarbeiten. Mit den restlichen Passionsfruchtkernen dekorieren.

Power-Kick: 1 EL Kokosöl und 1 TL Lucumapulver hinzufügen.

AUF DER ONE GUN RANCH

Die Bewohner der One Gun Ranch, ein ökologisch bewirtschafteter Hof im Hinterland von Malibu, sind Selbstversorger. Man nimmt Rücksicht auf die Natur und schätzt das Düngen mit Kompost. So entstehen Produkte mit hoher Nährstoffdichte. Jedes Mal, wenn ich die Ranch, auf der Tiere und Ranchmitarbeiter wie eine große Familie zusammenleben, besuche, bin ich von der herzlichen Atmosphäre begeistert. Esel Waffle kommt zum Beispiel jeden Sonntag mit zum Bauernmarkt in Malibu, wo Obst und Gemüse schon nach kurzer Zeit ausverkauft sind. Anschließend wälzt er sich gern im Gras, prustet genüsslich und iaht mahnend, falls jemand zu laut ist.

Hier wächst alles, was man sich nur vorstellen kann, und ich bin sehr dankbar dafür, dass ich einen Tag lang die kleine Außenküche nutzen, das knackige Gemüse verarbeiten und alle Tiere kennenlernen durfte.

Biologisch-dynamischer Landbau bedeutet nicht nur, dass keine Pestizide eingesetzt werden und Tierschutz groß geschrieben wird – es werden auch ausschließlich organische Düngemittel eingesetzt. So wachsen äußerst nährstoffreiche, wohlschmeckende Pflanzen heran.

KIRSCHEN DES GLÜCKS

Kokoswasser und Kirschen schmecken in Verbindung mit getrockneten Maulbeeren einfach traumhaft. Ergänzt um Gojibeeren und pflanzliches Eiweiß mit Vanillegeschmack wird es ein Smoothie mit dem ultimativen Glücksfaktor.

FÜR 1 GLAS

70 g tiefgekühlte Kirschen
60 g tiefgekühlte Himbeeren oder
  Heidelbeeren
1 EL getrocknete Maulbeeren
200–300 ml Kokoswasser oder Wasser

✳ Alle Zutaten im Mixer auf hoher Stufe zu einem glatten Smoothie verarbeiten. Kalt genießen.

Power-Kick: 2 EL pflanzliches Eiweiß mit Vanillegeschmack und 1 EL Gojibeeren zugeben.

MANDELN & MUSKAT

Die würzige Muskatnuss hat viele positive Eigenschaften. Sie sorgt für wohltuenden Schlaf, eine gute Verdauung und schöne Haut. Smoothies mit Mandelmilch kann man mit ein wenig geriebener Muskatnuss ein wunderbares Aroma schenken.

FÜR 2 GLÄSER

40 g eingeweichte blanchierte Mandelkerne
1 EL Mandelmus (s. S. 100)
1 TL frisch geriebene Muskatnuss
1 TL Honig
400 ml Mandelmilch
TOPPING: geriebene Muskatnuss

✳ Die Mandeln 6–8 Stunden einweichen, damit sie leichter zu verdauen sind. Alle Zutaten auf hoher Stufe im Mixer ein paar Minuten zu einem glatten Smoothie verarbeiten. In gekühlte Gläser füllen und mit geriebener Muskatnuss bestreuen.

 Mit ein wenig Zimt und Kardamom schmeckt der Smoothie ebenfalls köstlich.

INGWER & VANILLE

FÜR 1 GLAS

250 g Mango
2–3 cm Ingwerwurzel
300 ml Mandelmilch
1 TL Honig
1 TL Vanilleextrakt oder -pulver

✽ Mango und Ingwer schälen und mit den restlichen Zutaten im Mixer in einigen Minuten zu einem glatten Smoothie verarbeiten.

ENTSPANNENDER LAVENDEL

Nehmen Sie ein paar tiefe Atemzüge und kommen Sie zur Ruhe, während Sie an diesem Smoothie aus Lavendelblüten nippen.

FÜR 1 GLAS

1 tiefgekühlte Banane
180 g tiefgekühlte Heidelbeeren
½ TL getrocknete Lavendelblüten

FÜR MEHR GESCHMACK:
1 TL Vanilleextrakt oder
1 TL Zitronenschale oder
1 TL Honig

✳ Die Banane schälen und in Stücke brechen. Mit Heidelbeeren und Lavendelblüten in den Mixer geben, nach Geschmack aromatisieren und alles auf hoher Stufe zu einem glatten Smoothie verarbeiten. Lavendel auf keinen Fall überdosieren, da der Smoothie sonst leicht einen seifigen Geschmack annimmt.

KOKOSNUSS
UND ANDERE EXOTEN
KOKOSPALME –
BAUM DES LEBENS

Die unreife grüne Kokosnuss oder Trinkkokosnuss gehört zum Besten, was Mutter Natur zu bieten hat. Das in ihr verborgene Kokoswasser enthält alle fünf wichtigen Elektrolyte und wird als das reinste in der Natur vorkommende Wasser angesehen.

Das Fruchtfleisch der Trinkkokosnuss ist weich und lässt sich mit einem Löffel leicht aus der Schale kratzen. Ich gebe das Wasser gern mit dem Fruchtfleisch in den Mixer und verwende das Ergebnis als Smoothie-Basis. Alternativ trinke ich das Wasser einfach pur, denn es schmeckt geradezu überirdisch gut. Ideal für Sportler ist der hohe Gehalt an Mineralien, durch seinen niedrigen Säuregehalt belastet es außerdem nicht den Magen. Trinkkokosnüsse bekommen Sie in Asialäden, inzwischen aber auch immer häufiger in den Obstabteilungen gewöhnlicher Supermärkte.

Durch kalte Pressung des Fruchtfleischs wird aus der reifen Kokosnuss wertvolles Kokosöl gewonnen. Dieses wunderbare Öl besitzt viele gesundheitsfördernde Eigenschaften und enthält etwa 50 % Laurinsäure – das ist einmalig im Reich der Pflanzen. Laurinsäure wird im Körper in Monolaurat umgewandelt, welches wiederum Viren und Infekte bekämpft, antibakteriell wirkt und das Immunsystem stärkt. Natürliche Laurinsäure findet man nur in Muttermilch und Kokosöl. Ich verwende Kokosöl in Smoothies, beim Kochen und im Tee. Auch als Hautcreme oder hausgemachtes Peeling (2 EL Kokosöl mit 2 EL Zucker mischen) kann man es einsetzen.

Verwenden Sie stets kalt gepresstes, unraffiniertes, natives Kokosöl, denn dieses wurde weder erhitzt noch chemisch behandelt und ist somit am gesündesten. Erhältlich ist es in Reformhäusern, Bioläden oder im Internethandel.

KOKOSJOGHURT

Zu diesem Joghurt inspirierte mich ein Ausflug nach Notting Hill in London, wo mir ein Milchreis aus braunem Reis und Miso mit einem Klacks Kokosjoghurt serviert wurde. Köstlich! Den Joghurt verwende ich auf Seite 146 zudem für ein Knuspermüsli. Er schmeckt sowohl als Basis für Smoothies als auch solo.

ERGIBT CA. 500 G

250 g Trinkkokosnussfleisch
200 ml Kokoswasser aus derselben Nuss
    (oder Fertigprodukt)
1 EL frisch gepresster Zitronensaft
1 EL Honig oder mehr nach Geschmack

✳ Alle Zutaten im Mixer auf hoher Stufe zu einem glatten, cremigen Joghurt verarbeiten. In einem Schraubglas hält sich der Joghurt im Kühlschrank bis zu 1 Woche.

Power-Kick: Zu einer wahren Energiebombe wird der Joghurt, wenn man 1 TL probiotisches Pulver einrührt und ihn über Nacht bei Zimmertemperatur durchziehen lässt, da sich die probiotische Wirkung so am besten entfaltet. Anschließend im Kühlschrank aufbewahren.

KOKOSTRAUM

Für diesen Smoothie habe ich den kompletten Inhalt einer Trinkkokosnuss verwendet. Die Menge an Fruchtfleisch und Kokoswasser variiert allerdings von Nuss zu Nuss. Falls es etwas flüssiger sein soll, mit Wasser verdünnen. Dieser sättigende Smoothie kann eine komplette Mahlzeit ersetzen.

FÜR 1 GLAS (ODER 1 KOKOSNUSS)

80 g Trinkkokosnussfleisch
200 ml Kokoswasser
2 EL Kokosraspel
1 EL Rohkakaopulver

✳ Zum Öffnen der Kokosnuss mit einem Küchenbeil 3–4 tiefe Schnitte rund um die Spitze der Nuss setzen und den Deckel danach abhebeln. Das Kokoswasser in den Mixer gießen, das weiße Fruchtfleisch herauskratzen und mit den restlichen Zutaten im Mixer auf hoher Stufe zu einem glatten Smoothie verarbeiten. Zurück in die Kokosnuss gießen. Mhmmm!

✳ Dieser Smoothie schmeckt auch ohne Kokosnussfleisch, ersetzen Sie in diesem Fall das Fruchtfleisch durch Kokosmilch.

Power-Kick: 1 TL Kokosöl hinzufügen.

NUTTY HAWAIIAN

Auf Hawaii gibt es Macadamianüsse in allen möglichen Varianten zu kaufen. Sie können auf diverse Arten verarbeitet werden und sind meine Lieblingsnüsse. Mit Kokosraspeln und tropischen Früchten kann man sie in einen verführerischen Smoothie verwandeln.

FÜR 1 GLAS

150 g Mango in Stücken
65 g rohe, ungesalzene Macadamianusskerne, mindestens 4 Stunden eingeweicht
25 g Kokosraspel
300 ml Kokosmilch

✳ Alle Zutaten im Mixer auf hoher Stufe zu einem glatten, cremigen Smoothie verarbeiten. Bei Bedarf mit mehr Flüssigkeit verdünnen.

Power-Kick: 1 TL Kokosöl hinzufügen.

TROPISCHE LIEBE

Tropische Früchte sind nicht nur schön, sie sind auch gesund. Die Papaya zum Beispiel enthält Vitamin C, Vitamin B, Folsäure und Mineralien und verleiht einem Smoothie einen milden Geschmack und eine wunderschöne Farbe. Sie weist zudem ein verdauungsförderndes Enzym auf und kann als Peeling für trockene Haut verwendet werden. Dafür das Fruchtfleisch mit einer Gabel zerdrücken und auf die frisch gereinigte Haut auftragen. 20 Minuten einwirken lassen und mit warmem Wasser abspülen. Stets Bio-Papaya verwenden.

FÜR 1 GLAS

70 g Ananas
70 g Mango
30 g tiefgekühlte Papaya
50 ml Kokoswasser
100 ml Kokosmilch

✳ Die Früchte schälen, zerkleinern und in den Mixer füllen. Kokoswasser und -milch hinzufügen und alles auf hoher Stufe zu einem glatten, cremigen Smoothie verarbeiten.

Tipp! Beim Kauf der Papaya darauf achten, dass die Fruchtschale gelbe Flecken hat. Eine vollreife Papaya ist eher gelb als grün und schön weich.

Power-Kick: 1 EL Kokosöl hinzufügen, denn es enthält hochwertige Fettsäuren.

KOKOSJOGHURT MIT HEIDELBEEREN

Diesen Smoothie schätze ich wegen seiner frischen Aromen. Durch Honig und Zitronen-saft wird er ganz besonders erfrischend.

FÜR 1 GLAS

200 g hausgemachter Kokosjoghurt (s. S. 51)
120 g tiefgekühlte Heidelbeeren
1 TL abgeriebene Bio-Orangenschale

✳ Alle Zutaten im Mixer zu einem glatten Smoothie verarbeiten und mit ein paar tiefge-kühlten Beeren (Heidelbeeren, Brombeeren, Himbeeren oder Erdbeeren) dekorieren.

Tipp! Das Rezept funktioniert ebenso gut mit ungesüßtem Naturjoghurt und man kann statt Heidelbeeren auch Himbeeren oder Erdbeeren verwenden. Ich bevorzuge hier jedoch Heidelbeeren, da sie viele Antioxidanzien enthalten.

Heidelbeeren wachsen wild im Wald. Wegen des Fuchsbandwurms wird je-doch davon abgeraten, die wilden Früchte roh zu verzehren. Damit die Erreger absterben, die Heidelbeeren waschen, auf mindestens 60 °C erhitzen und verarbeiten.

PITAYA-COCKTAIL

Die Pitaya, auch Drachenfrucht genannt, ist eine tropische Superfrucht von ausgesprochener Schönheit. Es handelt sich um eine Kaktusfrucht mit rosafarbener Schale und einem Fruchtfleisch voller Ballaststoffe und Antioxidanzien. In Asien angebaute Pitayas besitzen meist ein weißes, Früchte aus Mittelamerika hingegen rosafarbenes Fruchtfleisch. Die weiße Variante erinnert geschmacklich an Kiwi, die rosafarbene an Himbeeren und Erdbeeren. Drachenfrüchte harmonieren ausgezeichnet mit Granatapfelkernen und Kokosjoghurt. Auch zu griechischem Joghurt sind sie köstlich.

FÜR 2 PORTIONEN

2 Drachenfrüchte
2 EL selbst gemachter Kokosjoghurt
 (s. S. 51)
2 EL Granatapfelkerne
1 TL Honig (nach Belieben)

✳ Die Drachenfrüchte schälen, das Fruchtfleisch mit einem Löffel herauskratzen und im Mixer auf niedrigster Stufe nur ein paar Sekunden pürieren. Auf zwei Gläser verteilen und mit Kokosjoghurt und Granatapfelkernen krönen. Für einen süßeren Smoothie noch 1 TL Honig hinzufügen und an einem sonnigen Tag genießen.

GRÜNE ENERGIE AUS DEM GLAS

In diesem Kapitel möchte ich Ihnen nahrhafte grüne Smoothies vorstellen, die vor Ballaststoffen, Mineralien, Proteinen und Chlorophyll nur so strotzen. Verwenden Sie im Sommer knackigen Spinat, im Winter köstlichen Grünkohl. Noch besser ist es, grüne Blattgemüsesorten wie Romanasalat, Löwenzahn, Rucola, Chinakohl, Spinat und Grünkohl miteinander zu kombinieren und um andere Köstlichkeiten wie Sprossen, Saaten und Flocken zu ergänzen.

ERFRISCHENDER GRÜNKOHLDRINK

Apfelessig wirkt nicht nur verdauungsfördernd, er reguliert auch den pH-Wert von Körper und Haut. Manchmal verwende ich ihn sogar als Gesichtswasser, um den pH-Wert auszugleichen. Der Essig verleiht diesem Smoothie eine gewisse Spritzigkeit; schmecken Sie den Drink damit ganz nach ihrem Gusto ab.

FÜR 1 GLAS

50 g Grünkohl
1 Apfel
1–2 TL Apfelessig
200 ml Kokoswasser oder Wasser
3–4 Eiswürfel

✳ Den Grünkohl putzen und mit dem Apfel in Stücke schneiden. Alle Zutaten in den Mixer füllen, auf hoher Stufe pürieren und sofort genießen – wunderbar erfrischend!

Tipp! Ich gebe häufig eine halbe Avocado mit in meine Smoothies, um sie reichhaltiger zu machen und sie um wertvolle Fette zu bereichern.

CREMIGER MANDEL-SPINAT-DRINK

Für einen nussigen Gesundheitskick sorgt diese Mischung aus Mango, Mandelmus, hausgemachter Mandelmilch und ein paar Handvoll Baby-Spinat. Mit ein wenig Knuspermüsli wird das Ganze zu einem vollwertigen Zwischengericht.

FÜR 1 GLAS

150–200 g Mango
2 Handvoll Baby-Spinat
3 EL Mandelmus (s. S. 100)
500 ml Mandelmilch

✳ Die Mango schälen und in Stücke schneiden. Den Spinat waschen. Alle Zutaten im Mixer auf hoher Stufe zu einem glatten Smoothie verarbeiten. Bei Bedarf mit etwas Mandelmilch verdünnen.

Power-Kick: Für mehr Energie noch 2 TL Macapulver hinzufügen.

GRÜNER LIEBLINGSSMOOTHIE

Ich bin total verrückt nach Smoothies mit Zimt!
In Verbindung mit Nussmilch und frischem
Spinat wird daraus ein nicht nur köstlich-
cremiges, sondern auch sättigendes Getränk.

FÜR 1 GLAS

140 g Mango
½ Avocado
1 Handvoll Spinat
½ TL gemahlener Zimt oder mehr
    nach Geschmack
300 ml Mandelmilch

✳ Mango und Avocado schälen und klein
schneiden. Den Spinat waschen. Alle Zutaten
im Mixer auf hoher Stufe zu einem glatten,
cremigen Smoothie verarbeiten. In ein großes
Glas gießen und genießen.

Power-Kick: Für mehr Eiweiß
noch 1 EL Hanfsamen hinzufügen.

KIWI FRESH

Ein frisch-säuerlicher Drink mit viel Vitamin C und K aus der großartigen Kiwi.

FÜR 1 GLAS

1–1 ½ Avocados
4 Kiwis
10 Minzeblätter oder Menge nach Geschmack
1 ½ EL frisch gepresster Limettensaft
200 ml Nussmilch

❋ Die Avocado schälen und entkernen, die Kiwis schälen und die Minze waschen. Alle Zutaten im Mixer zu einem glatten Smoothie verarbeiten.

Power-Kick: Für noch mehr Vitamine und Mineralien 1 TL Lucumapulver zugeben.

Tipp! Es lohnt sich, ein wenig Kiwischale mitzuverarbeiten, da sie wertvolle Antioxidanzien und Ballaststoffe enthält.

GRÜNES PARADIES

Dieser Drink ist randvoll mit Vitaminen und Mineralien und hat durch den Aloe-Vera-Saft auch eine entgiftende Wirkung.

FÜR 2 KLEINE GLÄSER
ODER 1 GROSSES
1 Salatgurke
1 ½ EL Minzeblätter
300 ml Aloe-Vera-Saft
ein paar Tropfen Stevia
ein paar Spritzer Limettensaft

✳ Die Gurke waschen und klein schneiden, die Minze waschen. Alle Zutaten auf hoher Stufe glatt pürieren und mit frischer Minze dekorieren.

Power-Kick:
Für einen reichhaltigeren Smoothie noch 1 TL Chlorella oder Spirulina hinzufügen.

CHLORELLA-KICK

Chlorella spielt die Hauptrolle in diesem Smoothie und verleiht ihm viel Eiweiß und Chlorophyll. Geben Sie zunächst nur einen Teelöffel hinein und erhöhen Sie die Dosis behutsam auf zwei Teelöffel, denn an den Algengeschmack muss man sich erst gewöhnen. Durch die säuerliche Birne wird der ungewohnte Geschmack allerdings schon abgemildert.

FÜR 1 GLAS

1 Handvoll Grünkohl
1 reife Birne
½ Salatgurke, geschält
1 tiefgekühlte Banane
1 Eiswürfel
1 TL Chlorella

TOPPINGS: ein paar frische Minzezweige und 2 TL Chia-Samen (nach Belieben)

✳ Grünkohl, Birne und Gurke waschen und klein schneiden. Die Banane schälen und zerteilen. Alle Zutaten im Mixer auf hoher Stufe zu einem glatten Smoothie verarbeiten. Mit frischer Minze dekorieren.

Power-Kick: Für mehr Ballaststoffe noch 2 TL Chia-Samen hinzufügen.

ANANAS & GRÜNKOHL

Grünkohl ist ein echtes Supergemüse, das voller Nährstoffe steckt und diesem Smoothie einen vollmundigen Geschmack verleiht. Mit Ananas und Nussmilch wird daraus ein sättigendes Zwischengericht.

FÜR 1 GLAS

50 g Grünkohl
140 g Ananas
300 ml Nussmilch

✳ Den Grünkohl waschen, die Ananas schälen und zerteilen. Mit der Nussmilch auf hoher Stufe pürieren und in vollen Zügen genießen.

Power-Kick: Für mehr Proteine noch 2 TL Blütenpollen hinzufügen. Eine halbe Avocado sorgt für wertvolle Fettsäuren und mehr Reichhaltigkeit.

EISIGE SPIRULINA

Dieser herrliche Smoothie steigert das Denkvermögen, enthält viel Chlorophyll und ist eine wahre Energiebombe. Der Algengeschmack wird durch Banane und Eis übertönt.
Zum Wohl!

FÜR 1 GLAS

1 tiefgekühlte Banane
1 TL Spirulina
300 ml Mandel- oder Hanfmilch
4 Tropfen Stevia
4 Eiswürfel

✳ Die Banane schälen und zerteilen. Alle Zutaten im Mixer zu einem fluffigen Smoothie verarbeiten. Langsam trinken und Schluck für Schluck die Energie aufnehmen.

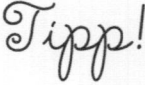 Zur Abwechslung die Banane durch Mango oder Ananas ersetzen. Reichhaltiger wird der Drink durch ein wenig grünes Blattgemüse nach Wahl.

ZU VIEL DES GUTEN

Jeder kennt das: Manchmal essen wir einfach zu viel des Guten und müssen den Körper anschließend wieder in Balance bringen. Perfekt ist dann ein grüner Smoothie voller wertvoller Nährstoffe und mit einer großen Portion Petersilie, deren Blätter und Stängel reich an Vitaminen, Mineralien und Proteinen sind. Petersilie unterstützt den Zellaufbau und reinigt das Blut. Salatgurke spendet Feuchtigkeit, reinigt den Körper und kann eventuelle Kopfschmerzen lindern. Ingwer hilft dem Körper bei der Aufspaltung von Nahrung, er wirkt entzündungshemmend und hat ein intensives Aroma. Zitronensaft ist basenbildend und die Ananas enthält verdauungsfördernde Enzyme. Ein Glas genügt und Sie fühlen sich bald wieder fit.

FÜR 1 GLAS

1 Salatgurke
25 g gehackte Petersilie
2 Selleriestangen
70 g Ananas
2 TL frisch geriebener Ingwer oder mehr nach Geschmack
Saft von 1 Zitrone
TOPPING: 1 Selleriestange

✳ Gurke, Petersilie und Sellerie putzen. Die Ananas schälen und zerteilen. Alle Zutaten auf hoher Stufe glatt pürieren und nach Belieben etwas Eis hineingeben.

Power-Kick: Für mehr Energie noch 1 TL Supergreens-Pulver hinzufügen.

GESUNDHEITS-ELIXIERE

Kombucha ist ein Supergetränk aus fermentiertem, gesüßtem Tee, das viele gesundheits-fördernde Eigenschaften besitzt. Es ist reich an probiotischen Milchsäurebakterien und sorgt damit für eine gesunde Darmflora – die Voraussetzung für eine gute Gesundheit. Der Tee wird einige Wochen kultiviert und entwickelt in dieser Zeit Enzyme und nützliche Bakterien. Ich liebe Kombucha und trinke fast täglich eine Flasche. Das fein moussierende Getränk fördert einfach das Wohlbefinden.

KOMBUCHA & MELONE

Kombucha ist solo bereits ein herrlich erfrischendes Getränk, man kann es jedoch mit Früchten noch aufpeppen.

FÜR 2 GLÄSER

120 g Wassermelone
300 ml Kombucha mit Cranberrygeschmack
200 g tiefgekühlte Erdbeeren
ein paar Spritzer Limettensaft
TOPPING: frische Minze

✴ Die Melone schälen und zerteilen, die Minze waschen. Alle Zutaten im Mixer auf ho-her Stufe fein pürieren. Sofort servieren und noch ein paar Tropfen Limettensaft einrühren. Mit frischen Minzeblättern garnieren.

✴ Sie können auch nicht aromatisierten Kombucha oder andere Beeren verwenden.

HIBUCHA

Dieses prickelnde Sommergetränk
schmeckt herrlich nach Erdbeeren und
Hibiskus.

FÜR 1 GLAS

300 ml gekühlter Hibiskustee
300 ml gekühlter Kombucha mit Cranberrygeschmack
1 Handvoll getrocknete Hibiskusblüten
  (nach Belieben)

✳ Den gekühlten Tee in ein Glas füllen, den
Kombucha und nach Belieben noch Hibiskusblüten zugeben. Sofort servieren.

Tipp! Man kann auch einen „bucha"
  aus Chia-Gel und Kombucha
herstellen, um den Körper zusätzlich
Ballaststoffen und Omega-3-Fettsäuren zu
verwöhnen. Die Anleitung zur Zubereitung
von Chia-Gel finden Sie auf Seite 85.

HIMBEER-KWASS

Kwass, ein ostslawisches, fermentiertes Erfrischungsgetränk voller Enzyme und wertvoller Bakterien, ist eine Wohltat für den Magen. Die Herstellung ist unkompliziert, erfordert allerdings ein wenig Geduld, da es zunächst ein paar Tage gären muss. Die Mühe lohnt sich aber!

ERGIBT CA. 1 L

180 g Himbeeren
3 cm Ingwerwurzel
2 EL roher Honig
ca. 1 ½ l gefiltertes Wasser

✳ Die Himbeeren waschen, den Ingwer schälen und in Scheiben schneiden. Himbeeren, Honig und Ingwer in ein großes Schraubglas geben.

✳ Mit Wasser auffüllen, dabei oben ein paar Zentimeter Luft lassen, damit sich Druck aufbauen kann. Fest mit einem Deckel verschließen und bei Zimmertemperatur ein paar Tage ziehen lassen.

✳ Mehrmals täglich vorsichtig am Glas rütteln, damit sich an der Oberfläche keine unerwünschten Bakterien bilden. Nach ungefähr 24 Stunden sollten sich an der Oberfläche kleine Bläschen gebildet haben, manchmal dauert es auch länger.

✳ Nach ein paar Tagen ist der Kwass trinkfertig. Die Beeren abseihen. Im Kühlschrank ist das Getränk etwa eine Woche haltbar. Es empfiehlt sich, die Flasche während der Woche mehrmals zu öffnen, um den Druck entweichen zu lassen und abzuschmecken.

WEITERE FRUCHT-KWASS-VARIANTEN
4 süße rote Äpfel
1 ½ EL Honig
2 cm Ingwerwurzel
ca. 1 ½ l gefiltertes Wasser

ODER …
4 Pfirsiche
180 g Beerenfrüchte nach Wahl
3 cm Ingwerwurzel
2 EL Honig
ca. 1 ½ l gefiltertes Wasser

Bei diesen Varianten nicht vergessen, die Früchte zu waschen und bei Bedarf klein zu schneiden.

BEAUTY-DRINKS

Verwöhnen Sie Ihre Haut mit dem Besten, was unsere Superfoods und -früchte zu bieten haben: schützende Antioxidanzien und Vitamine. Sie stärken die Haut und verleihen ihr Strahlkraft.

CHIA FRESCA

Chia fresca ist ein in Mexiko sehr beliebtes Wassergetränk mit Chia-Samen und Limettensaft. Meine Variante ist durch den Granatapfelsaft ein wenig aromatischer. Wenn Chia-Samen Wasser absorbieren, bilden sie eine Gelschicht und sind dadurch leicht zu trinken. Ihre wertvollen Omega-3-Fettsäuren erhalten unsere Zellen und damit auch uns jung.

FÜR 2 KLEINE GLÄSER ODER 1 GROSSES

2 EL Chia-Samen
300 ml heißes Wasser
300 ml ungesüßter Granatapfelsaft
ein paar Spritzer frisch gepresster Limettensaft

✳ Samen und Wasser in ein Schraubglas füllen, schütteln und über Nacht im Kühlschrank durchziehen lassen, bis die Flüssigkeit geliert ist. Den Granatapfelsaft und ein paar Spritzer Limettensaft hinzufügen, kräftig schütteln und genießen.

GOJI GLOW

Dieses Schönheitselixier aus Gojibeeren stimuliert und belebt die Haut. Die Beeren sind reich an Antioxidanzien, schützen unsere Haut dadurch vor Sonnenbränden und wirken unterstützend beim Aufbau von Kollagen.

ERGIBT ½ L

2 EL getrocknete Gojibeeren, 30 Minuten in Wasser eingeweicht
Saft von 1 Zitrone
Eiswürfel

✳ Gojibeeren, 500 ml Wasser und Zitronensaft ein paar Minuten im Mixer pürieren. Die orangefarbene, erfrischende Limonade in einem großen Glas mit viel Eis und Zitronenscheiben servieren. Köstlich!

GURKE & MINZE

Schönheit kommt ja bekanntlich von innen. Eine gesunde Ernährung und nährstoffhaltige Getränke können wie eine Schönheitskur wirken. Gurke zum Beispiel verleiht der Haut einen feinen Glanz und ist besonders effektiv, wenn sie als Saft getrunken wird. Die enthaltenen Enzyme sind wichtig für den Zellaufbau und das Magnesium reguliert den Blutdruck. Zudem besteht Gurke zum Großteil aus Wasser, das – wie wir alle wissen – unverzichtbar für eine gesunde, straffe Haut ist.

ERGIBT CA. 700 ML

2 Salatgurken
1 Handvoll frische Minzeblätter
Eiswürfel

✳ Gurke und Minze waschen, glatt pürieren und mit Eis servieren. Dieser Saft schmeckt gekühlt am besten.

FÜR WERDENDE MAMAS

Für schwangere Frauen sind frisches Obst und Gemüse ganz besonders wichtig. Wie praktisch ist es da, seinen Tagesbedarf an wertvollen Vitaminen und Mineralien mit einem erfrischenden Smoothie decken zu können! Da Kalzium für den Knochenaufbau des Babys unverzichtbar ist, empfehle ich Chia-Samen, die fünfmal so viel Kalzium wie Milch enthalten und zudem durch die enthaltenen Omega-3-Fettsäuren für einen tollen Energiekick sorgen.

ROTE ENERGIE!

Rote Bete ist ein guter Folsäure-Lieferant und sorgt damit für die gesunde Entwicklung Ihres Babys. Ergänzt um Vitamin C aus der Orange und Antioxidanzien aus den Himbeeren ist dieses Getränk ideal für werdende Mütter. Und es schmeckt genauso gut, wie es aussieht!

FÜR 1 GLAS

1 kleine frische Rote Bete, geschält
300 ml Mandelmilch
180 g tiefgekühlte Himbeeren
½ Orange, geschält
ein paar Tropfen Stevia

✳ Für diesen Smoothie benötigen Sie einen hochwertigen Mixer, der auch Rote Bete zu Püree verarbeiten kann. Die Beten mit einem Messer klein schneiden und zunächst die Flüssigkeit, dann die Beten und schließlich Himbeeren und Orange in den Mixer geben. Zu einem glatten Smoothie verarbeiten und sofort genießen.

DRACHENFRUCHTSORBET

Früchte enthalten viele Stoffe, die während der Schwangerschaft dringend vom Körper benötigt werden. Die Drachenfrucht beeindruckt mit einem hohen Vitamin-C-, Vitamin-B- und Ballaststoff-Gehalt. Eis wirkt oft lindernd bei Übelkeit.

2 GROSSE SCHALEN

abgeriebene Schale von ½ Bio-Zitrone
2 EL Zitronensaft
200 g tiefgekühlte Drachenfrucht
1 EL Mandelmilch
5 Tropfen Stevia

✳ Alle Zutaten in den Mixer geben (die Mandelmilch erleichtert das Mixen). Auf niedriger Stufe beginnen und nach und nach erhöhen, bis eine sorbetartige, leicht stückige Masse entstanden ist. Ein zu weiches Sorbet vor dem Servieren eine Weile ins Tiefkühlfach stellen.

 Aus diesem Sorbet lässt sich auch ein toller Smoothie herstellen, indem man es mit Kokoswasser verdünnt und auf hoher Stufe im Mixer verarbeitet.

HELLO, APPLE PIE!

Apple Pie? Na ja, mit etwas Fantasie zumindest. In diesem sättigenden Smoothie mit Zimt, Kardamom, Apfel und Pekannusskernen verstecken sich auch noch etwas China-kohl und Spinat. Damit er eine puddingartige Konsistenz erhält, vermische ich ihn manch-mal mit ein wenig Chia-Gel – das kann man jedoch auch weglassen.

FÜR 1 GLAS ODER 1 SCHALE

15 g Spinat
1 Apfel
15 g Chinakohl
200 ml Mandelmilch
30 g Pekannusskerne
¼ TL gemahlener Kardamom
½ TL gemahlener Zimt oder mehr nach Geschmack
ein paar Tropfen Stevia
TOPPINGS: Mandelblättchen, Kürbiskerne, Pekanusskerne und Erdbeeren

✳ Spinat, Apfel und Chinakohl waschen und zerkleinern. Alle Zutaten auf hoher Stufe glatt pürieren und in ein Glas füllen. Für einen Pudding den Smoothie in eine Schale füllen und die gleiche Menge Chia-Gel unterrühren. Das Rezept für Chia-Gel finden Sie auf Seite 85 unter Chia fresca.

SUPER-
SMOOTHIES!

In diesem Kapitel stelle ich meine
Lieblingssmoothies vor. Sie sind
perfekt im Anschluss an eine Sport-
einheit oder als Ersatzmahlzeit. Auch
ein Eis am Stiel, das viele wertvolle
Superfood-Zutaten enthält und ein
Rezept für Mandelmus (eine beson-
dere Leidenschaft von mir) sind mit
von der Partie.

MANGO & SCHOKOLADE

FÜR 1 GLAS

150 g tiefgekühlte
Mango

150 g tiefgekühlte
Ananas

2 TL Hanfsamen

2 TL ungesüßtes Kakao-
pulver

1 EL getrocknete Goji-
beeren

300–350 ml Mandel-
milch

TOPPING: getrocknete
Gojibeeren

✳ Alle Zutaten in den
Mixer geben, zu einem
glatten, fluffigen Schoko-
ladendrink verarbeiten
und mit Gojibeeren
krönen.

SUNSHINE-KICK

Ein sonnengelber Kraftdrink, der mithilfe von Kurkuma und Kokosöl für inneres Wohlbefinden sorgt.

FÜR 1 GLAS

1 cm Kurkumawurzel oder 1–2 TL gemahlene Kurkuma

200 g tiefgekühlte Mango

1 EL Kokosöl

400 ml Kokoswasser

ein paar Spritzer frisch gepresster Limettensaft

TOPPING: Cayennepfeffer

✳ Die Kurkumawurzel, falls verwendet, schälen. Alle Zutaten auf hoher Stufe glatt pürieren, in ein Glas füllen und den sonnengelben Gesundheitssmoothie genießen.

HANF & ANANAS

FÜR 1 GLAS

150 g Ananas
1 cm Ingwerwurzel
300 ml Hanfmilch
2 EL Hanfsamen
TOPPING: Hanfsamen

✳ Ananas und Ingwer schälen und zerteilen. Alle Zutaten
im Mixer auf hoher Stufe glatt pürieren, in ein Glas füllen
und mit ein paar Hanfsamen garnieren.

ERDBEEREN MIT HONIG

Die Süße des Honigs, das nussige Mandelmus und die Frische der Erdbeeren verschmelzen zu einem Hochgenuss!

FÜR 1 GLAS

150 g tiefgekühlte Erdbeeren
1 EL Mandelmus (s. S. 100)
2 TL Honig
300 ml Mandelmilch

✳ Alle Zutaten im Mixer auf hoher Stufe zu einem glatten Smoothie verarbeiten. Abschmecken und genießen!

Power-Kick: Für mehr Proteine noch 1 TL Blütenpollen unterrühren und mit ein paar Blütenpollen garnieren.

GESUNDES EIS AM STIEL

Lieben Sie Eis? Dann verarbeiten Sie die folgenden Zutaten zu einem Smoothie, füllen ihn in Eisformen, stecken Eisstiele hinein und lassen das Ganze ein paar Stunden tiefkühlen. Perfekt als sommerlicher Snack oder als Dessert für Kinder.

ERGIBT 6 EIS AM STIEL

1 Banane
2 EL getrocknete Maulbeeren
200 ml Mandelmilch
1 EL Mandelmus (s. S. 100)
1 EL ungesüßtes Kakaopulver

Power-Kick: 1 TL Macapulver hinzufügen.

CREMIGES MANDELMUS

Es ist eine gute Idee, immer etwas Mandelmus oder Nussbutter zu Hause zu haben – als Dip für Apfelstücke oder als Smoothiezutat.

ERGIBT CA. 100 ML

200 g Mandelkerne (oder Menge nach Wahl)

✲ Die Mandeln in eine Küchenmaschine mit Schlagmesser geben und 15–25 Minuten zu einer Paste verarbeiten. Die Maschine ab und zu ausstellen und die Mandeln von den Schüsselseiten kratzen. Das Mus ist fertig, sobald das Öl aus den Mandeln ausgetreten und eine glatte, cremige, glänzende Masse entstanden ist.

✲ In einem Schraubglas ist es im Kühlschrank ein paar Wochen haltbar.

✲ Wenn man die Mandeln zuvor röstet, wird das Mus etwas dunkler und schmeckt ebenfalls köstlich.

CASHEW-SHAKE

FÜR 1 GLAS

1 tiefgekühlte Banane
2 TL Honig
1 EL Cashewbutter oder Mandelmus
300 ml Mandelmilch (s. S. 100)
1 EL pflanzliches Eiweiß mit Vanillegeschmack

TOPPINGS: gemahlener Zimt und Cashewbutter oder Mandelmus

✳ Banane schälen und mit Honig, Cashewbutter oder Mandelmus und Vanilleeiweiß
glatt pürieren. Mit einem großen Klacks
Cashewbutter oder Mandelmus und etwas
Zimt krönen.

GO NUTS

Dieser eiweiß- und ballaststoffrei-
che Shake hält Sie eine ganze
Weile satt. Perfekt nach dem
Sport oder als Ersatzmahlzeit.

FÜR 1 GLAS

300–400 ml Mandelmilch
65 g eingeweichte Pekannusskerne
65 g eingeweichte Mandelkerne
2 EL Mandelmus (s. S. 100)
1 EL Honig
1 TL Macapulver
2 EL pflanzliches Eiweiß mit
  Vanillegeschmack
ein paar Eiswürfel

✳ Erst die Milch und dann die
Nüsse und Mandeln in den Mixer
geben und gründlich zerkleinern.
Die restlichen Zutaten hinzufügen
und auf hoher Stufe zu einem
sämigen, cremigen Smoothie
verarbeiten. Bei Bedarf mit etwas
Mandelmilch verdünnen.

SAFTLIEBE

Mein allererster Gemüsesaft ganz ohne Obst schmeckte irgendwie grasig und war gar nicht mein Fall – also hielt ich mich fortan lieber an Fruchtsäfte. Inzwischen allerdings bin ich süchtig nach grünen Säften und fühle mich nach nur einem Glas vollkommen erfrischt. Ist der Geschmack für Sie doch gewöhnungsbedürftig – einfach mit etwas Zitronen- oder Limettensaft übertönen. Ich stelle hier zunächst ein paar köstliche Fruchtsäfte vor, die perfekt für heiße Sommertage sind. Es folgen Rezepte für grüne Säfte voller Heilkraft und schließlich einige gesunde, alkoholfreie Shots. Die Zutaten stets gründlich waschen, zerteilen und auspressen. Blattgemüse am besten mit wässrigen Zutaten mischen, damit die Saftpresse leichteres Spiel hat.

WASSERMELONE & ZITRONENGRAS

Ein kalter Wassermelonensaft mit einem Hauch Zitronengras ist herrlich erfrischend. Wenn Sie die Kerne mit in die Saftpresse geben, ist er aber auch ein toller Mineralienlieferant. Zitronengras besitzt eine Menge gesundheitsfördernder Eigenschaften und wirkt entschlackend.

ERGIBT CA. 400 ML

300 g Wassermelone
1 Stängel Zitronengras

✳ Die Wassermelone in Stücke schneiden und das Zitronengras putzen. Alles in der Saftpresse entsaften.

ROSA GRAPEFRUIT & LIMETTE

ERGIBT CA. 400 ML

1 rosa Grapefruit
1 Limette

✳ Die äußere Schale der Grapefruit entfernen und die Limette schälen. Beides in der Saftpresse entsaften.

Tipp! Für mehr Raffinesse noch ein paar Minzeblätter hinzufügen.

GRÜNKOHL & APFEL

ERGIBT CA. 600 ML

2–3 Grünkohlblätter
2 Äpfel

✳ Grünkohl und Äpfel putzen, in
Stücke schneiden, abwechselnd
in die Saftpresse schichten und
entsaften.

ANANAS & KOKOSWASSER

ERGIBT CA. 500 ML

300 ml Ananassaft (von
   ca. ⅓ Ananas)
300 ml Kokoswasser

✳ Die Ananas schälen
und entsaften. Den Saft
abmessen und dieselbe
Menge Kokoswasser
hinzufügen.

ERDBEERE, ANANAS & KOKOS

ERGIBT CA. 700 ML

280 g Ananas
70 g Erdbeeren
Kokoswasser

✳ Die Ananas schälen und zusammen mit den Erdbeeren entsaften. In ein Glas geben und mit Kokoswasser nach Geschmack auffüllen.

KAROTTE & APFEL

ERGIBT CA. 400 ML

5 Karotten
1 Apfel
1–2 cm Ingwerwurzel

✳ Karotten, Apfel und Ingwer schälen und zerkleinern. In der Saftpresse entsaften.

FENCHEL & GURKE

ERGIBT CA. 600 ML

1 Fenchelknolle
1 Salatgurke
1 Apfel
½ Limette

✳ Das Fenchelgrün entfernen. Alle Zutaten putzen und zerteilen. In der Saftpresse zu einem Saft verarbeiten, der Ihrer Verdauung auf die Sprünge helfen wird.

TRAUBENTRAUM

ERGIBT CA. 600 ML

1 Orange
½ Limette
3 Selleriestangen
1 Grünkohlblatt
8 grüne Weintrauben

✳ Orange und Limette schälen. Sellerie, Grünkohl und Trauben putzen und alles in der Saftpresse entsaften.

GRÜN UND GUT

FÜR 1 GLAS

1 Zitrone
3 Blätter Romanasalat
1 Handvoll Spinat oder Rucola
1 Apfel
¼ Salatgurke

✳ Die Zitrone schälen. Romanasalat, Spinat oder Rucola, Apfel und Gurke putzen und zerteilen. Alles in der Saftpresse entsaften.

ROTE-BETE-SAFT

FÜR 1 GLAS

2 Rote Beten
1 Zitrone
1 Apfel

✳ Rote Beten und Zitrone schälen und
zerteilen, den Apfel putzen und zerteilen.
In der Saftpresse zu einem leuchtend
roten Saft verarbeiten.

GRÜNE KRAFT

ERGIBT CA. 500 ML

1 Handvoll Spinat
1 Handvoll Minze
1 Handvoll Petersilie
4 Selleriestangen
½ Salatgurke
3 cm Ingwerwurzel
Saft von 1 Zitrone

✽ Spinat, Kräuter, Sellerie und Gurke putzen.
Sellerie und Gurke zerteilen und den Ingwer
schälen. Alles in der Saftpresse entsaften.

GRÜNE NUSSMILCH

Diese seidenweiche Nussmilch enthält wertvolle Fette aus der Mandelmilch und viel Chlorophyll aus dem grünen Saft. Um das Ganze in ein echtes Supergetränk zu verwandeln, rühre ich noch Maca- und Lucumapulver ein. Das gibt Kraft!

ERGIBT CA. 600 ML

300 ml selbst gemachter grüner Saft nach Wahl
300 ml Mandelmilch (möglichst selbst gemacht)

✱ Den grünen Saft mit der Mandelmilch verrühren. Schütteln und genießen.

Power-Kick: 2 TL Lucumapulver, 2 TL Macapulver und 1 Prise Himalajasalz zugeben.

FRISCHES GRÜN

Wer gern den ganzen Tag über immer wieder an einem erfrischenden grünen Saft nippen möchte, sollte gleich eine große Menge zubereiten.

FÜR CA. 5 GLÄSER

1 Fenchelknolle
1 Zitrone
½ Limette
2 Äpfel
1 Salatgurke
3 cm Ingwerwurzel
8 Selleriestangen
2 Handvoll Spinat

✳ Den Fenchel vom Grün befreien, putzen und zerteilen. Zitrone, Limette, Äpfel, Gurke und Ingwer schälen und zerkleinern. Sellerie und Spinat putzen und den Sellerie zerteilen. Alles in der Saftpresse entsaften.

Tipp! Erhöhen Sie den Nährstoffgehalt mit 1 TL Chlorella- oder Weizengraspulver. Auch Chia-Samen passen dazu.

GESUNDE SHOTS

Kippen Sie doch zwischendurch mal einen dieser alkoholfreien „Kurzen" – ein Kick für Ihre Gesundheit.

KURKUMA-SHOT

Kurkuma ist sehr geschmacksintensiv. Dosieren Sie die farbstarke Wurzel deshalb ganz nach Gusto.

1 große Zitrone
3 cm Ingwerwurzel
2 cm Kurkumawurzel

✷ Zitrone, Ingwer und Kurkuma schälen und in der Saftpresse entsaften. Das Glas in einem Zug leeren.

SUPERBEEREN-SHOT

Eine wahre Antioxidanzien-Bombe, die freie Radikale in die Flucht jagt.

60 g Granatapfelkerne
25 g Aroniabeeren
2 EL Gojibeeren

✷ Alle Zutaten in die Saftpresse füllen und entsaften.

INGWER-SHOT

Ich liebe Ingwer und verwende ihn in rauen Mengen. Eine gute Portion in diesem Shot kann Erkältungssymptome lindern.

½–1 Apfel
Ingwer (Menge nach Belieben)

✳ Den Apfel putzen und zerteilen, den Ingwer schälen. Alles in die Saftpresse füllen und entsaften.

Power-Kick:

Bei einer Erkältung zusätzlich ein paar Tropfen Oreganoöl zugeben – das wirkt Wunder.

GESUNDE SNACKS

Für alle, die sich nach so viel Flüssignahrung nach Essen mit Biss sehnen, hier ein paar Alternativen zur Gesundheit aus dem Glas – Ideen für leckere und gesunde Snacks zum Frühstück oder Mittagessen, aber auch zum Dessert oder für zwischendurch.

BUCHWEIZENBREI MIT CHIA-SAMEN & ZIMT

Ich esse am liebsten glutenfreie Breie, zum Beispiel aus ganzen Buchweizen- oder Quinoakörnern, die in Nussmilch gekocht werden. Buchweizen ist eigentlich kein Getreide, sondern ein mit dem Rhabarber verwandtes Knöterichgewächs. Er weist einen geringen GI-Wert (glykämischer Index) auf und versorgt uns mit reichlich Energie.

FÜR 1 PORTION

75 g ganze Buchweizenkörner
2 EL Chia-Samen
1 TL gemahlener Zimt
1 Prise Himalajasalz
300 ml Mandelmilch
TOPPING: Goji- oder Inkabeeren (getrocknete peruanische Physalis)

✳ Alle Zutaten in einer Schale verrühren und über Nacht im Kühlschrank quellen lassen.

✳ Aufkochen und etwa 10 Minuten unter Rühren zu einem Brei verkochen. Bei Bedarf mehr Milch, Zimt und Salz hinzufügen.

✳ Mit Gojibeeren, Inkabeeren und kalter Mandelmilch servieren.

KNUSPERMÜSLI MIT VANILLE & KOKOS

Ein Knuspermüsli lässt sich leicht selbst herstellen und verströmt beim Backen einen ganz unwiderstehlichen Duft nach Kokos und Vanille. Wundervoll!

ERGIBT CA. 250 G
TROCKENE ZUTATEN

150 g kernige Haferflocken
65 g eingeweichte Mandelkerne
2 EL Chia-Samen
40 g Sesamsaat
40 g Kürbiskerne
25 g Kokosraspel
1 Prise Himalajasalz

FLÜSSIGE ZUTATEN

4 EL Kokosöl
70 g Honig
1 EL Vanilleextrakt oder mehr nach Geschmack
Olivenöl für das Blech

✳ Den Backofen auf 150 °C vorheizen. Die trockenen Zutaten in einer Schüssel mischen, die flüssigen Zutaten hinzufügen und mit den trockenen Zutaten gründlich vermengen.

✳ Ein mit Backpapier ausgelegtes Backblech mit etwas Olivenöl fetten und die Masse gleichmäßig darauf verteilen. Ca. 30 Minuten rösten, bis das Müsli goldbraun ist. Die Mischung zwischendurch mehrmals wenden, damit sie nicht anbrennt.

✳ Das Müsli auf dem Blech völlig auskühlen lassen, dann in ein sauberes Schraubglas füllen.

✳ Zu Parfait, Acai Bowl (s. S. 128) oder Nussmilch oder als Knuspersnack servieren.

ACAI BOWL L.A. STYLE

In L.A. sind Acai Bowls – gefrorenes Acai-Beeren-Püree mit verschiedenen Toppings – in Saft- oder Smoothiebars momentan sehr angesagt. Die Acai-Beere stammt aus dem Amazonasgebiet und enthält viele Antioxidanzien.

FÜR 1 PORTION

100 g tiefgekühltes Acai-Beeren-Püree
70 g gemischte tiefgekühlte Beeren
50 ml Mandelmilch
TOPPINGS: Heidelbeeren, Kokoschips und Knuspermüsli (s. S. 126)

✳ Das Beerenpüree vor der Verwendung auftauen, damit es leichter zu zerkleinern ist, und mit den tiefgekühlten Beeren in den Mixer füllen. Die Mandelmilch hinzufügen und einige Minuten pürieren. Das Ergebnis sollte noch leicht stückig sein.

✳ In eine Schale füllen und mit hausgemachtem Knuspermüsli, Kokoschips, Heidelbeeren, Erdbeeren oder anderen Früchten der Saison servieren.

Power-Kick: Für noch mehr Gesundheit zusätzlich 1 TL Macapulver zum Püree geben.

QUINOABREI

Ich liebe Quinoabrei zum Frühstück, da er nicht nur köstlich schmeckt, sondern auch lange satt hält. Oft rühre ich noch einen Esslöffel weißes Miso unter – mhmmm!

FÜR 1 PORTION

70 g Quinoa
200–300 ml Mandel- oder Kokosmilch
1 Prise Himalajasalz

TOPPINGS: Mandelblättchen, Pistazienkerne, Kürbiskerne und Chia-Konfitüre (s. Himbeer-konfitüre mit Chia-Samen, S. 142) für Biss und Geschmack.

✳ Die Quinoa in der Mandelmilch laut Packungsanweisung garen. Ab und zu umrühren, damit der Brei nicht anbrennt. Bei Bedarf mehr Milch angießen.

✳ Den fertigen Brei in eine Schale geben und mit Mandelblättchen, Pistazienkernen, Kürbiskernen und Chia-Konfitüre oder anderen Köstlichkeiten nach Wahl servieren.

Tipp! Besonders köstlich schmeckt der Brei, wenn man nach etwa 10 Minuten Kochzeit einen geriebenen Apfel und 1 Prise Zimt hineingibt. Köcheln lassen und ab und zu umrühren. Die Krönung: zerstoßene Pekannusskerne.

CHIA-PUDDING MIT KOKOS

Chia-Samen gehören zu meinen Lieblingszutaten. Hier sind zwei meiner besten Rezepte für Chia-Pudding.

FÜR 2 KLEINE SCHALEN

400 ml Kokosmilch (möglichst selbst gemacht)
3 EL Chia-Samen
1 TL Honig
TOPPINGS: Gojibeeren, Feigen, Kokoschips und Beeren nach Wahl

✳ Kokosmilch, Chia-Samen und Honig verrühren. Über Nacht im Kühlschrank quellen lassen.
✳ Den fertigen Pudding auf zwei Schalen verteilen und mit den Toppings garnieren. Im Kühlschrank hält sich der Pudding ein paar Tage.

Tipp! Die Kokosmilch können Sie auch durch Mandelmilch ersetzen.

CHIA-PUDDING MIT ERDBEEREN

Dieser Pudding mit frischen Erdbeeren, der zum Frühstück, als Snack oder als sommerliches Dessert schmeckt, ist im Gegensatz zu klassischen Süßspeisen sehr gesund. Im Sommer garniere ich ihn gern mit Johannisbeeren, die Antioxidanzien, Vitamine und Mineralien liefern.

FÜR 1 PORTION

500 g frische Erdbeeren
2 TL Honig
4 EL Chia-Samen
TOPPINGS: Erdbeeren und Chia-Samen

✳ Erdbeeren und Honig im Mixer cremig pürieren. Auf einen Teller geben, die Chia-Samen unterrühren und über Nacht im Kühlschrank quellen lassen.

✳ Mit frischen Erdbeeren garniert servieren. Schmeckt auch mit Mandelmilch.

Power-Kick: Gojibeeren, getrocknete Maulbeeren oder Hanfsamen zugeben, wenn Sie Ihren Pudding reichhaltiger mögen.

BLITZSCHNELLE TOMATEN-GAZPACHO

An einem heißen Sommertag ist eine eiskalte Gazpacho herrlich erfrischend. Die mit Apfelessig und Knoblauch gewürzte Suppe steckt voller gesunder Zutaten.

FÜR 12 PORTIONEN

6 große Tomaten
1 rote Paprikaschote
1 Salatgurke
½ rote Zwiebel
1 Handvoll Koriandergrün
1–2 Knoblauchzehen
1 EL Olivenöl
2 EL Apfelessig
Salz und Pfeffer
TOPPINGS: Paprika, Gurke und Koriander (alles gehackt)

✳ Tomaten, Paprikaschote, Gurke, Zwiebel und Koriander putzen und hacken. Die Knoblauchzehen schälen. Gemüse und Olivenöl im Mixer glatt pürieren. Apfelessig, Salz und Pfeffer nach Geschmack zugeben, kurz vermengen und abschmecken.

✳ Ein paar Stunden im Kühlschrank durchkühlen.

✳ Die Gazpacho auf Suppenschalen verteilen und mit Paprika, Gurke und etwas Koriander garnieren.

GRÜNE KNUSPER-CHIPS

GRÜNKOHLCHIPS

Chips aus grünen Blättern sind nicht nur köstlich, sie strotzen auch vor Vitaminen und Mineralien – genau das Richtige zum Knabbern am Wochenende.

FÜR 1 MITTELGROSSE SCHALE ODER 1 TELLER

1 großes Bund Grünkohl
ca. 3 EL Olivenöl
Saft von 1 Zitrone
Himalajasalz

✳ Den Backofen auf 180 °C vorheizen. Den Grünkohl putzen, die Blätter vom Stiel zupfen und in mundgerechte Stücke schneiden. Auf einem mit Olivenöl bestrichenen Blech verteilen. Mit Olivenöl und Zitronensaft beträufeln und gründlich einmassieren, bis die Blätter vollständig benetzt sind. Zuletzt mit etwas Himalajasalz bestreuen.

✳ 15–20 Minuten im Ofen trocknen, bis die Blätter knusprig sind.

CHIPS VON ROTE-BETE-BLÄTTERN

Werfen Sie die Blätter von Roten Beten niemals weg, sondern machen Sie daraus knusprige Chips! Einfach dem Rezept für Grünkohlchips folgen, die Zitrone allerdings durch Chiliflocken ersetzen.

APFELCHIPS

Diese hauchdünnen, knusprigen Apfelchips mit Zimt und Palmzucker sind ein toller Knabbersnack, der meist ruck, zuck weggefuttert ist. Ganz leicht vorzubereiten und nach ein paar Stunden im Ofen fertig.

FÜR 1 KLEINE PAPIERTÜTE

4 Äpfel
2 TL gemahlener Zimt
2 TL Palmzucker

✳ Den Backofen auf 90 °C vorheizen. Die Äpfel in hauchdünne Scheiben schneiden, möglichst mit einer Mandoline. Je dünner die Scheiben, desto knuspriger die Chips. Das Kerngehäuse der Äpfel müssen Sie nicht entfernen, nur einfach die Kerne aus den Scheiben drücken.

✳ Die Apfelscheiben auf einem mit Backpapier ausgelegten Backblech verteilen. Mit Zimt und Palmzucker (Menge nach Gusto) bestreuen und etwa 2 Stunden im Ofen trocknen. Die Scheiben nach ½ Stunde wenden. Sollten sie nach 2 Stunden nicht knusprig sein, noch ein paar Minuten im Ofen lassen. Die fertigen Chips im ausgeschalteten Ofen eine Weile nachtrocknen lassen.

HIMBEERKONFITÜRE MIT CHIA-SAMEN

Diese Konfitüre aus nur drei Zutaten schmeckt himmlisch zu Leinsamenkeksen oder auf dem Morgenbrei.

FÜR 1 KLEINES SCHRAUBGLAS

180 g Himbeeren
1–2 EL Honig
¼ TL Vanilleextrakt
3 EL Chia-Samen

✻ Die Himbeeren in einer Schüssel mit einer Gabel zerdrücken und mit Honig, Vanilleextrakt, Chia-Samen und 50 ml Wasser verrühren. In ein Schraubglas füllen und über Nacht im Kühlschrank quellen lassen. Am nächsten Morgen können Sie eine himmlisch gute Konfitüre genießen, die im Kühlschrank bis zu 1 Woche haltbar ist.

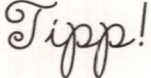 Ebenfalls bestens geeignet für Konfitüren: Brombeeren, Heidelbeeren, Erdbeeren, Kirschen, Pfirsiche, Pflaumen und Johannisbeeren.

KÖSTLICHE OBSTTARTELETTES

ERGIBT 4 STÜCK

160 g gemahlene Mandeln
100 ml Agavendicksaft

✳ Mandeln und Agavendicksaft in einer Schüssel zu einem glatten Teig verkneten. Bei Bedarf mit ein paar Teelöffeln Wasser verdünnen. Den Teig auf 4 Tartelettesförmchen (12 cm Ø) verteilen und hineindrücken.

AVOCADOCREME
1 EL Kokosöl
2 Avocados
2 EL frisch gepresster Limettensaft
1 EL Agavendicksaft
1 TL Vanilleextrakt
1 EL Mandel- oder Kokosmilch

TOPPINGS: Früchte der Saison, z.B.
1. Kiwi
2. Drachenfrucht, Granatapfelkerne, Minze
3. Erdbeeren, Minze
4. Himbeeren, Heidelbeeren, Kokosraspel

✳ Das Kokosöl in einer Schüssel über dem Wasserbad schmelzen. Es sollte nicht flüssig, sondern nur weich genug zum Verarbeiten sein.

✳ Alle Zutaten für die Avocadocreme in einer Schüssel bis zur gewünschten Konsistenz verrühren oder auf hoher Stufe ein paar Sekunden pürieren.

✳ Die gewünschte Menge Avocadocreme auf den Tartelettes verteilen und einige Minuten in den Kühlschrank stellen. In der Zwischenzeit Früchte der Saison klein schneiden. Die Tartelettes mit dem Obst belegen und mit frischer Minze garnieren.

JOGHURTMÜSLI MIT FRISCHEN FRÜCHTEN

FÜR 2 PORTIONEN

160 g Knuspermüsli (selbst gemacht, s. S. 126)
400 g Kokosjoghurt (selbst gemacht, s. S. 51)
   oder griechischer Joghurt
150 g Mango
2 Kiwis
TOPPINGS: Honig und 2 Brombeeren

✳ Zunächst eine Schicht Knuspermüsli in zwei Schalen geben. Joghurt, Mango, Kiwis, mehr Knuspermüsli und Joghurt darauf schichten. Mit Honig beträufeln und mit je 1 Brombeere garnieren. Sofort servieren.

REGISTER

BEZUGSQUELLEN

www.aspermuehle.de
www.gesund-sein.de
www.organicfoodbar.de
www.pureraw.de
www.raw-living.de
www.superfoodforyou.de
www.zentrum-der-gesundheit.de

REFERENZEN

www.bodymindinstitute.com
www.longevitywarehouse.com

Danke ...

... für die alltägliche Inspiration und Unterstützung bei der Arbeit an diesem Buch.

Kajsa Berglund
Jim und Cari Bjelajac
Stephanie Bjelkstam
BodyMind Institute
Victoria Flodén
Marlene Hernbrand
Susanne Kindt
Justin Kunkle
Mama und Papa: Helene und Kent Karlson
One Gun Ranch
Pernilla Qvist
Gabriella Sahlin
Eva-Lena Sten
Marie Wigren
Ebba Östberg

Besuchen Sie auch meinen Gesundheitsblog: www.californication.se

Titel der schwedischen Originalausgabe: HÄLSOKICK!
2014 first published by Norstedts, Sweden
© 2014 Marita Karlson & Susanne Kindt
Published by agreement with Norstedts Agency

© 2015 Neuer Umschau Buchverlag,
Neustadt an der Weinstraße,
für die deutsche Ausgabe
www.umschau-buchverlag.de

Umschau

Übersetzung: Melanie Schirdewahn, Redaktionsbüro Text-
Welten, München
Lektorat: Elke Homburg, Redaktionsbüro Text-Welten, München
Satz: Petra Kühner, Redaktionsbüro Text-Welten, München

Printed in China
ISBN: 978-3-86528-790-8